Romances et karaoké
est le quatre-vingt-dix-septième ouvrage
publié chez
Dramaturges Éditeurs

Dramaturges Éditeurs
4401, rue Parthenais
Montréal (Québec) H2H 2G6
Téléphone : 514 527-7226
Télécopieur : 514 527-0174
Courriel : info@dramaturges.qc.ca
Site internet : www.dramaturges.qc.ca

**Dramaturges Éditeurs choisit de respecter l'auteur
dans sa façon de transcrire l'oralité.**

Mise en pages et maquette de la couverture : Yvan Bienvenue
Correction des épreuves : Daniel Gauthier et Monique Forest

Nous remercions le Conseil des Arts du Canada
de l'aide accordée à notre programme de publication.
Nous remercions aussi la Sodec.

Dépôt légal : quatrième trimestre 2009
Bibliothèque et Archives nationales du Québec
Bibliothèque nationale du Canada

ISBN 978-2-922182-96-5

Francis Monty

ROMANCES ET KARAOKÉ

Dramaturges Éditeurs

PERSONNAGES

JULIE JOHANETTE
LA MÈRE DE JULIE
TANGUAY
ÉRIK RITCHOT
JOANNE GERVAIS

Les autres personnages
UN AGENT DE SÉCURITÉ DU MÉTRO
JULIE 2 : Le double de Julie

LIEU ET ACCESSOIRE

Un lieu qui en contient plusieurs.
Un microphone pour les exposés de Ritchot.

La première représentation publique de *Romances et karaoké* a eu lieu le 12 mars 2003, au Théâtre de la Ville, à Longueuil.

Distribution :
Patrice Bélanger : TANGUAY
Marie-Ève Bertrand : JOANNE GERVAIS
Sandrine Bisson : JULIE JOHANNETTE
Mathieu Gosselin : ÉRIK RITCHOT
Monique Gosselin : LA MÈRE DE JULIE

Mise en scène : Benoît Vermeulen
Assistance à la mise en scène : Benjamin Lafleur
Régie : Martin Lepage et Rock Samson
Scénographie, costumes et accessoires : Raymond Marius Boucher
Éclairages : Mathieu Marcil
EnviroNnement sonore et musique originale : Sylvain Scott
Conseillère aux chorégraphies : Manon Oligny
Maquillages : Florence Cornet

Une production du Théâtre Le Clou.

Francis Monty tient à remercier les acteurs qui ont contribué par leurs improvisations et leurs commentaires à l'élaboration de ce texte.

Il tient tout spécialement à remercier Benoît Vermeulen qui l'a guidé tout au long de l'écriture de ce texte et a contribué, par ses propositions et son travail de mise en scène, à structurer l'ensemble.

1. Introduction
Julie s'adresse au public

JULIE, *à l'avant-scène s'adressant aux spec-*
tateurs des premières rangées
Moé je viens d'une drôle de place où y a du monde
ben bizarre. Bon, tu suite en partant, ma mère est
folle. Je sais pas pour vous autres... Toé, par exemple,
ta mère est tu folle? Non, je le sais pas, ça peut
arriver, prends-le pas personnel. Je dis ça parce que
t'as des drôles de cheveux, pis moé 'si, faque je me
suis dit, y a peut-être un lien... oups, j'aurais pas dû
dire ça, han? Ça c'est moi, je parle, je parle, pis on
dirait que j'écoute pas ce que je dis. Hé, excuse-moé,
je, excuse-moé. Je vais aller voir quelqu'un d'autre,
mettons heu... lui... *(Elle revient sur le même spectateur*
aux drôles de cheveux.)
Hé, non, pis en plusse que moé j'haïs ça me faire dire
des affaires de même, escuse-moé. Y a-tu de quoi de
plus *fatiquant* que de se faire dire, ah oui... oui, je
te connais toé, ah oui... toé, t'es ce genre-là. C'est
tellement facile de se faire catégoriser, aujourd'hui.
Non, en fait heu, c'est juste que j'ai un questionnaire
à remplir, alors peut-être que tu pourrais m'aider :
1. As-tu déjà eu envie de changer de famille? Si oui,
   combien de fois...
2. Te considères-tu comme un enfant à problèmes?
3. As-tu des solutions pour changer le monde?

Ad lib...

JULIE

Oh, oh! Je crois qu'Éric est prêt à vous livrer son exposé. Vous allez voir, méchante bébitte. Il essaie de parler comme les profs, mais laissez-vous pas impressionner, il est dans mon groupe, on a le même âge. Oh! excuse, je te laisse aller, vas-y Éric. Bonne chance.

ÉRIK

Bonsoir (bon matin, bon après-midi) amis, fidèles, exégètes, anarchistes et anachorètes de tout acabit.

Tanguay vole le micro à Érik et s'adresse au public.

TANGUAY

Moi, je vis au maximum tout le temps, je suis un style de vie à moi tu-seul, une pochette de film coup de poing... *My name is Tanguay! Never forget that dude!*

ÉRIK

Je poursuivrai aujourd'hui mon exposé : «La quête d'identité, une image en mouvement» en m'attardant sur le concept du portrait comme moteur de réflexion.

La biographie, évidemment, est le représentant par excellence du portrait en littérature. Pourtant, je vous l'avoue d'emblée, ce genre d'œuvre, généralement, m'ennuie à mourir.

L'ennui distillé par ce type d'ouvrage réside probablement dans l'idée que l'on se fait d'une vie d'homme : M. Untel est né chauve dans une petite famille bourgeoise du milieu du sud du Midwest. Il suit une formation d'ingénieur à tel endroit avant de se consacrer à sa première dépression qui lui permettra d'écrire un roman à succès. Son premier mariage, un échec lamentable, le plongera dans une nouvelle dépression. En 1945, sa liaison avec la comtesse Unetelle lui fait oublier toutes ses misères passées et débute pour lui une intense activité créatrice. Dès lors, ce ne sera plus que poupons, succès littéraires, prix honorifiques et voyages en yacht... Il succombera à une crise d'arythmie à l'âge de 82 ans, lui qui pourtant buvait son cognac tous les matins.

Mais quel raccourci, quelle grossière erreur d'observation! L'existence ne se fond pas dans une telle linéarité temporelle, mais elle se vit par fragments, par à-coups. Ce que l'on dit et ce que l'on fait n'est que la partie visible des événements constituant une vie d'homme, mais il y a toute une série d'actions, de confrontations intérieures, de combats inavouables qui se jouent en coulisses, voilés par les portes de l'inconscient. Et comble de complexité, il arrive que ces différents plans se superposent pour cohabiter dans un même espace-temps.

Alors comment écrire une biographie me demanderez-vous? Quelle est sa spécificité sur les autres œuvres littéraires? *(Un temps.)* Je lisais ce matin un ouvrage sur Glenn Gould...

2. Julie Johanette
pour la première fois confrontée à l'amour

JOANNE
Ma vie c'est pas facile…

JULIE
Plus fort!

JOANNE
Ma vie c'est pas facile…

JULIE
Parle plus fort on n'entend pas de la salle.

JOANNE
Ma vie c'est pas facile…

JULIE
Non, non, attends, on te comprend pas, là, Joanne…
Est comme ça, a parle jamais assez fort… C'est super
intéressant ce qu'elle a à dire, mais on dirait que ça
veut pas sortir…

Ad lib.

*Julie monte sur scène, prend le micro et
répète tout ce que dit Joanne de «Ma vie
c'est pas facile» à «Mais c'est pas ça que
je veux dire…».*

JOANNE

Ma vie c'est pas facile.
D'où chus née, d'où je viens,
tu voudrais pas venir de d'là.
Bon OK y a pire, les pays en guerre,
où il y a de la famine...
Mais c'est pas ça que je veux dire...
(À Julie) Laisse-moé parler, veux-tu.
Là d'où je viens...
Là d'où je viens...
Là d'où je viens...

JULIE

Là d'où je viens, là d'où je viens... Je sais pas d'où tu
viens, mais tu iras pas nulle part comme ça ma petite
fille. Va te reposer un ti-peu, je m'arrange avec eux
autres.
Bon, OK c'est icitte que ça se passe, moi je vas parler
pour qu'on m'entende car je me pose, ici, devant
vous, en exemple pour la jeunesse. Oui, je suis un
exemple de courage et de détermination et je vais
vous en donner la preuve en posant un geste décisif :
suivez-moi tout le monde, on s'en va sur les lieux du
drame... ben là, c't'une façon de parler, «suivez-moi»,
je veux dire, restez assis, mais... suivez-moi plutôt
des yeux... Bon! on marche sur la pelouse du voisin,
on saute par-dessus la clôture, on kicke le chien du
bonhomme Gilbert, on pile s'es fleurs de la folle à
Dubuc : «Y sont laittes tes fleurs!», après on tourne
à dret, on tourne à gauche et... attention : je vous
présente ma mère. Hé oui, elle est présentement en
train de m'engueuler.

LA MÈRE, *s'adressant à Julie 2*

Julie Johanette!

JULIE
Ma mère est tout le temps en train de m'engueuler...

LA MÈRE, *à Julie 2*
Veux-tu ben me dire comment ça que t'arrives à cette heure-là?

JULIE
Y est pas si tard que ça, y est quoi là? *(Elle regarde sa montre.)* Une heure et demie?...

LA MÈRE, *à Julie 2*
Trois heures du matin...

JULIE
Oups, j'ai pas vu l'heure aller. Mais c'est bon pour elle de m'engueuler, ça fait sortir ses énergies négatives...

LA MÈRE, *à Julie 2*
Pis là je te gage que tu te demandes pourquoi je t'engueule.

JULIE
Non, je me le demande pas vraiment parce que ça m'intéresse pas. *(Le double de Julie meugle.)* Ah oui, ça c'est moi. Oh! *boy,* a l'air pas mal fatiguée, pour moé a veillé tard, qui sait a peut-être même pris un petit peu de DROGUE!

LA MÈRE, *à Julie 2*
T'as pas pensé deux minutes que je pouvais m'inquiéter!

JULIE 2
M'man... chus fatiguée...

LA MÈRE, *à Julie 2*
Ben oui, t'es la seule à être fatiguée à trois heures du matin.

JULIE 2
On se parlera demain, OK.

LA MÈRE, *à Julie 2*
Y a rien à expliquer, tu rentres trop tard.

JULIE 2
M'man, je me sens tu-seule.

LA MÈRE, *à Julie 2*
Laisse faire, essaie pas de m'amadouer, Julie Johanette, c'est pus le temps de se faire consoler à trois heures du matin quand ta mère a l'a juste le goût de t'arracher les yeux. Maudits enfants.

JULIE 2
Je pense que... je vas aller me coucher...

Julie 2 s'écroule au sol. Temps.

JULIE
Ça fait que chus partie.

LA MÈRE, *à Julie 2*
Hé, j'ai pas fini.

JULIE
Pourquoi faire je resterais là?

LA MÈRE, *à Julie 2*
Julie, j'te parle.

JULIE
Lieu d'ennui, de douleur et de sclérose mentale?

LA MÈRE, *à Julie 2*
Bon, encore...

JULIE
Non, j'ai besoin, pour continuer à évoluer, d'un nouvel horizon. Quand on veut vraiment changer, on peut. Voilà... ce que j'avais à livrer à l'humanité. Maman. Ciao!

LA MÈRE, *à Julie 2*
Non Julie, va-t'en pas. Julie...

JULIE
Vivre ailleurs, sur le chemin, inventant ma vie, toujours un peu plus à chaque jour, tel est mon destin.
Faque je me sus retrouvée dans le métro à quêter avec mon chum Tanguay.

Érik et Tanguay se font face et parlent,
l'un par-dessus l'épaule de l'autre.

ÉRIK
La prochaine fois, j'te démantibule!

TANGUAY
Viens donc tu-suite si t'es capable! Envoye, amène-toé, amène-toé!

ÉRIK
Poltron!

TANGUAY
Pissoux!

ÉRIK
C't'un bravache!

TANGUAY, *à Julie*
C't'un chienneux!

JULIE
Je pense qu'y est parti.

TANGUAY
Tu penses?

JULIE
Retourne voir ta mère, on travaille nous autres.

TANGUAY
Ben voyons, sa mère est morte.

JULIE
Je le sais.

ÉRIK
C't'une conne!

TANGUAY
Ah! c'est bon ça. Va te faire bercer par ta mère, ti-cul
qui pue! Cours, je l'entends t'appeler, a va crever au
bout de son cri, ta mère, si tu retournes pas tu-suite
à maison. Vite, vite, est sul point de s'étouffer, ah!...
trop tard... ta mère est morte.

ÉRIK
Allez chier.

JULIE
C'est ça, sacre ton camp.

TANGUAY
Oh, ta! Qu'y savait pus quoi dire.

JULIE
Y s'est fermé a yeule pour une fois.

TANGUAY
Ouais. Mets-en. Heille, j't'aime.

JULIE
T'es ben con.

TANGUAY
Ben, non, c't'une joke.

Un temps.

JULIE
Travaille-la ta joke.

TANGUAY
Je voulais dire : j'ai envie de baiser.

JULIE
Ah ! oui, là est bonne, là c'est drôle parce que tu coucheras pas avec moé certain.

TANGUAY
Pourquoi ? T'es ben plate !

JULIE
Chus pas plate, je te trouve laid.

TANGUAY
J'ai pas dis plate, j'ai dit tarte.

JULIE
Va chier, jeune moron.

TANGUAY
Excuse, j'écoutais pas.

JULIE
Crameau.

TANGUAY
Merci du compliment.

JULIE
Ork, t'es cave.

TANGUAY
T'as rien vu ma fille.

Un temps.

TANGUAY
As-tu de la gomme?

*Elle lui donne sa chique. Il hésite, mais finit
par trouver le geste éloquent, et se fourre la
gomme à mâcher dans la gueule.*

TANGUAY
Sais-tu pourquoi tu veux pas baiser?

JULIE
Parce que t'es laitte comme le barbet de ma voisine.

TANGUAY
C'est parce que tu me prends encore pour un ti-cul.

JULIE
Tu me surprends. J'étais convaicue que tu t'en rendais
pas compte.

TANGUAY
T'es convaincue que pour moi l'univers se résume à
mon coat, mon tag, pis à mes bottes qui fessent dins
chars...

JULIE
Pauvre Tanguay, ça doit être insupportable d'être
aussi conscient de sa propre condition.

Approche un agent de sécurité.

AGENT DE SÉCURITÉ DU MÉTRO
OK les jeunes, allez vous installer ailleurs…

TANGUAY
Ailleurs, ah! OK pas de problème.

Tanguay se déplace de quelques pieds.

AGENT DE SÉCURITÉ DU MÉTRO
Heille, le clown, c'est pas un parking pour fainéants, icitte, faque fais de l'air un peu, ça va te faire du bien.

TANGUAY
Excuse-moi, c'est parce que chus en plein travail, alors si tu pouvais repasser plus tard, j'apprécierais, excusez-moi, madame, vous auriez pas un peu d'argent…

AGENT DE SÉCURITÉ DU MÉTRO
OK viens-t'en avec moé, toé, le clown.

L'agent de sécurité sort Tanguay.

TANGUAY
Veux-tu m'as te le dire ce que je fais, moé, je résiste. Toé tu marches au pas, moé je résiste. Regarde, charche, t'en trouveras pas de code barres. Lâche tes gorilles sus moé si tu veux, pas de problème, je résisterai, jusqu'au bout.

3. Déclaration poétique

ÉRIK
« Mourez | cochonsdecrosseursdefréchetsdecochons
d'huile de cochons de | caïmans de ronfleurs de
calices de cochons de rhubarbes de ciboires | d'hosties
de bordels de putains de saints-sacrements d'hosties
de bordels | de putains folles herbes de tabernacles
de calices de putains de | cochons.»[1]
Derrière ces mots se cache une oeuvre, un homme,
Claude Gauvreau. Quel diable d'homme! Révolte,
révolte, révolte! Tout l'œuvre de Gauvreau est porté
par cette révolte. Révolte envers le milieu culturel de
l'époque, étouffé par le conformisme, révolte contre
le clergé, révolte contre la société tout entière qui
n'est pas encore sortie de sa grande noirceur. Et chez
Gauvreau, celui qui s'insurge, c'est le poète. Et son
arme : la langue. Les mots, j'entends. Oui, c'est par la
force de son verbe qu'il impose le respect :
« Duvukuc du cognac | sley au zim | Duvurnac |
ubutu | bruck»[2].
Toutefois, si ses mots lui servent d'épée, ils lui servent
aussi à chanter l'amour.
En effet, Gauvreau invente une langue à la mesure de
son idéal, car la langue usuelle, aussi poétique soit-
elle, lui semble insuffisante pour atteindre celle qu'il

---

[1] *Ode à l'ennemi* dans *Étal mixte.*
[2] *55* dans *Les boucliers mégalomanes.*

aime. Les mots doivent être neufs, n'appartenir à personne d'autre qu'à lui :
« Jighidil | jeurja fofnolwil sibreutjeu »[3].

TANGUAY
C'est ça l'affaire.

ÉRIK
Donc, je disais que cette langue...

TANGUAY
Tout ce qui me manque, c'est des mots... un poème,
deux trois phrases ben arrangées, pis a va m'aimer.

Il se jette aux pieds de Julie.

TANGUAY, *tout à coup romantique*
Julie Johanette, petite phalène, tu es ma lanterne, ma
luciole, la lueur qui me guide dans la nuit.

Un temps.

JULIE
« Petite phalène. » Ayoye, c'est ben beau !

*Johanette est frappée par l'amour. Elle
s'apprête à l'embrasser.*

TANGUAY
C'est tu vrai ça que t'es partie de chez vous ?

JULIE
Ben là...

TANGUAY
C'est vrai ?

[3.] *64* dans *Les boucliers mégalomanes.*

JULIE, *après un court temps*
Tu me prends pour une menteuse? *(Au public.) Fuck* y me prend pour une menteuse... Dret comme j'allais le frencher, y dit qu'y me prend pour une menteuse. *(À Tanguay.)* Hé le clown, je frenche pas n'importe qui, moé. *Fuck*, t'as toute gâché.

TANGUAY
Hein? De quoi tu parles? Qu'esse qu'a l'a? C'est quoi son problème? J'y ai juste posé une question. Tu peux-tu me dire qu'esse qu'a l'a? C'est quoi là, a l'a pas pris son Ritalin?

4. Julie s'enfuit

JOANNE
Comme ça, t'es en amour.

JULIE
Ouais.

JOANNE
Tu m'avais pas dit qu'à cause de ta maladie tu pouvais
pas tomber en amour?

JULIE
Ouais, mais y m'ont guérie.

JOANNE
Cool.

JULIE
Pis là, chus en amour.

JOANNE
Cool.

JULIE
Comment ça, cool? C'est terrible. En amour avec un
ti-cul.

> *Julie éclate en sanglots. La mère
> s'approche de sa fille.*

LA MÈRE

Pauvre tite-fille, c'est ça les hommes.

JOANNE

Ouais, c'est terrible. Mais heu... comment t'as faite pour heu... Pour le cruiser? Hein Julie, as-tu mis un parfum spécial, ou ben as-tu dit...

LA MÈRE

Heille, veux-tu ben.

JOANNE

Excusez. Je voulais juste savoir... excusez.

Tanguay au micro pour son témoignage.

TANGUAY

OK moi heu... *(Il respire, ce qu'il a à dire n'étant pas facile.)* Moi, ben... Une fois, j'ai été en amour. Pis heu ben... Mon chien est mort. Mon chien est mort pis heu... ben... ben... *(Il rote discrètement.)* Pardon. *(Il feint de retenir un sanglot.)* Ben, c'te chien-là, c'était mon seul ami. C'était la première fois où j'avais un ami aussi... *close to my heart*. Mais un jour, il a décidé de partir, de prendre la route sans moi, m'abandonnant à mon triste sort, et chemin faisant, boum poteau, il se fit aplatir par un dix-huit roues et devint du jus... Poème pour Ringo : Ringo, hier, roi des parcs et des pelouses ; aujourd'hui, petit ami aplati, devenu mince comme galette de riz.

LA MÈRE

Heille, si t'as rien à dire.

TANGUAY

Heille *fuck*, c't'important ce que je dis là. C't'un peu comme une façon de dire que le seul être à m'accorder un peu d'attention...

LA MÈRE
Vulgaire à part ça.

TANGUAY
Vulgaire ? Qui ça, moé ? Parce que j'ai dit *fuck* ? Bon,
OK je dirai pus *fuck*, je dirai pus jamais *fuck* de ma vie,
c'est fini *fuck*, toute façon c'est laitte *fuck*, je verrais
pas pourquoi je dirais *fuck*...

LA MÈRE
Heille !

TANGUAY
Non, mais c'est vrai, *fuck* heu... c'est laitte, *fuck*.

LA MÈRE
Ça suffit.

TANGUAY
Non, mais attends, chus d'accord avec toé, *fuck*,
c'est...

ÉRIK
Heille !

Ad lib. Érik sort Tanguay.

TANGUAY
Oh, *fuck* !...

JOANNE, *frénétique, parlant trop fort et
trop rapidement*
Ma vie c'est pas facile.
Le monde est carré.
Les gens sont méchants.
Mes parents sont bouchés et ne pensent qu'à l'argent.
Et mes amis, enfer et damnation,

sont sans surprises.
Toujours pareils.
Y suivent le courant.
Ils disent comme y faut qu'y disent.
Ils disent comme les autres disent qu'il faut qu'y
disent...
Sauf Julie, mais bon.

Je vis présentement les années les plus importantes
de ma vie...
et je sais même pas comment m'habiller.
C'est pour ça je m'adresse à vous, Sainte Marie,
mère de Dieu, ça l'air gnaiseux, mais pouvez-vous
m'aider?

> JULIE

Ça marche pas. Y a rien qui marche. J'ai l'impression
que j'aurais dû être née ailleurs.

> LA MÈRE

Ça changerait rien, tu serais pris dans le même corps,
avec la même tête, les mêmes portes, les mêmes
fenêtres pour voir dehors.

> JULIE

Y me semble que quekpart dans le monde on a besoin
de moé. Tu me comprends-tu, toé, Joanne?

> JOANNE

Quoi?

> JULIE

J'ai l'impression qu'ici je perds mon temps, que je
passe à côté de ce que je suis vraiment. À chaque
soir en me couchant, j'ai l'impression qu'y s'est rien
passé, chus pris avec à l'intérieur un volcan qui a pas
explosé.

JOANNE
Un volcan?

JULIE
Bon ben... c'est tout ce qui me reste à faire.
Je vas aller voir c'est où.

JOANNE
Quoi?

JULIE
Ailleurs.

JOANNE
Tu veux t'en aller?

LA MÈRE
Tu partiras pas.

JOANNE
A l'air sérieuse.

LA MÈRE
A partira pas.

JULIE
Comment ça?

LA MÈRE
Parce que je te connais, Julie Johanette.

JULIE
Faque c'est ça l'idée que tu te fais de moi : Julie
Johanette la grande gueule, la reine des paroles en
l'air. C'est bizarre que tu me connaisses tellement pis
qu'on arrive jamais à se parler.

LA MÈRE

C'est parce que t'es pas parlable.

JULIE

Alors mon destin, selon toi serait de moisir à tes côtés ? Seule et inutile comme sa maman ?

LA MÈRE

Julie !

JULIE

Et évidemment, rien ne peut changer ce qui est écrit. Ben tchèque-moé ben aller.

LA MÈRE

Julie. Non Julie, va-t'en pas... Julie !

JULIE

L'humanité pensait pouvoir m'arrêter ! Moi, Julie Johanette. Ben si la science est encore capable de progresser, je verrais pas pourquoi Julie Johanette serait pas capable de changer de destin. Regardez bien, contemplez l'ancienne Julie, c'est ici quelle s'éteint, *ciao*, *amigos*.

TANGUAY

Comment ça est partie ! Où ça, qu'est partie ? A l'a rien laissé pour moé ?

LA MÈRE

Non !

TANGUAY

Ça se peut pas.

LA MÈRE

C't'à cause de toé, mon petit verrat qu'est partie.

TANGUAY, *ému*

À cause de moé? C'est ça qu'à vous a dit?

LA MÈRE

A pas besoin de me le dire, chus sa mère.

TANGUAY

Pis a m'a pas laissé de numéro de téléphone, rien?

LA MÈRE

Non. Tu veux-tu une bière?

TANGUAY

Non, merci.

LA MÈRE

Enwoye, là!...

TANGUAY

Non merci, je bois pas.

LA MÈRE, *éclatant de rire*

Tu bois pas! Pis moé qui pensais que t'étais un bum.

TANGUAY

Ç'a pas rapport, je peux être un bum pis pas boire d'alcool.

LA MÈRE

Est bonne celle-là.

TANGUAY

Ça se peut pas qu'a vous ait rien laissé. A vous a sûrement dit quekchose qui vous a paru de prime abord étrange mais qui renferme un code ou une énigme qui va faire en sorte que je vas pouvoir la retrouver.

LA MÈRE

Non.

TANGUAY

Heille, heu, faites-vous exprès pour être bornée de même?

LA MÈRE

Ouain, il rugit le chaton.

TANGUAY

Ah! OK, vous êtes jalouse de l'amour que votre fille a pour moi.

LA MÈRE

C'est plate à dire, mais ça va te faire du bien.

TANGUAY

Me faire du bien?

LA MÈRE

Tu me sembles un peu trop au-dessus de tes affaires, le jeune.

TANGUAY

Votre fille s'enfuit pis c'est tout ce que vous trouvez à dire?

LA MÈRE

Dans deux jours a va être revenue.

TANGUAY

Hé, bravo, bel exemple d'esprit maternel. Un enfant qui fait une fugue, au fond, c'est comme un chat ou un chien qui va faire son petit pipi dehors...

LA MÈRE
Coudonc, as-tu étudié en psychologie de la famille, toi ? Tu devrais prendre une bière ça te ferait du bien. *(Un temps.)* Tu sais-tu danser ?

TANGUAY
Ben oui.

LA MÈRE
Bon ben, enweille, on danse.

TANGUAY
Ben voyons donc.

LA MÈRE
Tant qu'à être pris ensemble pis pas savoir quoi se dire.

TANGUAY
Je me mettrai pas à danser de même pour rien.

LA MÈRE
C'est pas pour rien, c'est pour exorciser la douleur. Coudonc, t'es ben pogné, toé, le jeune. Je comprends pourquoi qu'est partie.

TANGUAY
Quoi ?

LA MÈRE
C't'une blague.

TANGUAY
Ouan, ben je pense qu'y faut je m'en aille, là.

LA MÈRE
J'ai de la limonade si tu veux. Du Red Bull, même. *(Un temps.)* Julie ? T'es-tu là ? Es-tu en train de

m'espionner pour voir si j'ai de la peine pour vrai? Ben je braillerai pas, faque tu peux revenir tu-suite. Je te chicanerai pas.

JOANNE, *à Tanguay, faiblement*
Salut.

TANGUAY
Quoi?

JOANNE, *à peine plus fort*
Salut.

TANGUAY
Qu'est-ce tu veux?

JOANNE
J'ai un projet dont je voudrais te parler, je pourrais te l'expliquer en détails, plus tard, si, ben, t'as le temps; en fait je pensais te proposer comme porte-parole, du projet en question, en me disant que, que ça te ferait peut-être du bien d'avoir quekchose à dire, non mais, je veux dire, un lieu pour t'exprimer, canaliser, ta, ta fougue...

Excédé, Tanguay détourne la tête.

JOANNE, *pas assez fort*
OK ben heu... OK à plus tard.

5. Quoi faire pour exister?

ÉRIK

Les personnages, chez Carson McCullers, sont vieux ou infirmes, jeunes mais seuls, rêvant de contrées lourdes de neige et de paysages lointains, ils sont discriminés, ivrognes, sensibles, trop grands, trop maigres, cruels, aux prises avec une sexualité trouble, mais ils sont tous menés par la même obsession : un besoin effréné d'amour.

Cette grande auteure américaine, chez nous méconnue... prenons la peine de le souligner, nous confronte ici à un joli paradoxe. Certes, ses personnages veulent fuir leur solitude, certes, ils tentent maladroitement le contact, mais la rencontre est souvent insuffisante, difficile ou voire carrément insupportable. Alors ils n'ont d'autre choix que de retourner à leur isolement et de panser leurs blessures.

TANGUAY

Julie? T'es où? T'as-tu frette, t'as-tu faim? Te sens-tu seule? C'est ça réponds-moi pas. De toute façon je pense pus à elle.

JOANNE, *regarde au ciel*

Je le sais ce que je vaux.

Je ne suis pas comme le commun des mortels.

Vous n'avez qu'à regarder mon bulletin et vous en conviendrez.

Je suis quand même mieux que...
Que ben du monde.
Seulement, on dirait qu'il existe en moi une certaine
anomalie... j'arrive pas à exprimer l'essentiel de...
J'arrive pas, en public à...

Je veux changer le monde.
Je veux briller pour mon intelligence et ma détermi-
nation.
Je veux qu'on m'écoute parler.
Je veux être celle qui parle fort, plus que Julie.
Sainte-Marie Mère de Dieu, pouvez-vous opérer en
moi ce changement?

> *Coup de tonnerre.*
> *Musique de discothèque.*
> *Joanne danse devant Érik.*

JOANNE
De toute façon, moé j'ai décidé que j'aurais pas
de chum, c'est trop compliqué, c'est de l'énergie
perdue.

ÉRIK
Heille, c'est drôle, j'ai décidé la même chose, ben,
que, j'aurais pas de blonde.

JOANNE
Je vas devenir une riche célibataire aristocrate qui va
organiser des réceptions.

ÉRIK
Moé, un savant fou.

> *Ils continuent à danser. Plus tard.*

ÉRIK

Oui, c'est ça, chus timide, mais je me construis petit
à petit tout un monde intérieur, n'est-ce pas au fond
plus important que toutes ces esbroufes, tous ces jeux
de parade, tous ces ronds de jambe, je me dis heu, entre
l'essence et le paraître, faut choisir, je... comment
t'expliquer ça simplement? Tout le potentiel en moi
n'attend que le bon moment pour surgir et éclater au
grand jour. Un matin sans lumière on tapissera le ciel
de mon nom, et l'humanité me portera à bout de bras
comme le nouveau Prométhée.

JOANNE

As-tu frenché souvent?

ÉRIK

Ouais... ben, pas heu... Non, pas souvent.

JOANNE

C'est ça je me disais.

ÉRIK

Ça paraît?

JOANNE

Oui. Moi, heu... faudrait je me pratique.

Un temps.

ÉRIK

Hein?

JOANNE

À frencher des gars qui frenchent mal. Parce que
si ça m'arrive je voudrais pas être dépassée par la
situation.

ÉRIK

OK. *(Court temps.)* C'est... c't'un bon plan. Faque...

JOANNE

Ben...

ÉRIK

Tu voudrais que je t'aide?

Érik sort loin la langue.
Entrée fracassante de la «nouvelle» Julie.

JULIE

Tout le monde me prenait pour une petite gnaiseuse. Ben je vous le dis, je m'en vas me refaire une nouvelle vie avec les cheveux de la couleur que je veux. Oh *yeah*!

JOANNE

Julie, t'es hot en maudit!

JULIE

Mets-en, tchèque-moé marcher. Hé, Érik Ritchot, regarde-moé, je viens de changer de tête.

ÉRIK

Ah!, c'est ça je me disais que...

JULIE

Tu m'as pas reconnue, han?

ÉRIK

Non, pas s'ul coup je...

JULIE

C'est ça, chus pas la même. Pas juste à cause des cheveux, les cheveux, c'est juste un symbole. Mais c'est plutôt à l'intérieur que ç'a changé.

ÉRIK
En tout cas, c'est beau.

JULIE
C'est beau? C'est tout ce que tu trouves à dire? Ç'a pas rapport avec la beauté, mais avec l'identité. Ces cheveux-là, c'est moi, OK y sont peut-être bizarres, mais chus de même, trouve ça beau, trouve pas ça beau, je m'en fous, chus de même. Maudit que t'es bouché! Bon ben Joanne, c'est le temps de cruiser.

JOANNE
Ah ouan?

Temps.

JULIE
Joanne!

Érik se rend chez la mère de Julie.

ÉRIK
Votre fille est revenue.

LA MÈRE
Est où?

ÉRIK
Là.

LA MÈRE, *à Érik*
Envoye, aide-moi, toé. Attrape-la.

Érik attrape Julie et la ramène à sa mère. Julie a une crise d'angoisse.

JULIE
J'ai besoin d'air.

LA MÈRE
Respire.

JULIE
Chus pas capable.

LA MÈRE
Ouvre la bouche.

JULIE
Pas ici, ici je peux pas.

LA MÈRE
Si tu restes, on pourrait écouter *Anne, la maison aux pignons verts.*

JULIE
Trop tard, chus déjà partie.

Julie fait mine de partir à nouveau, mais elle reste dans les parages.

LA MÈRE
Bon, encore!

Tanguay, qui a compris le manège de Julie, trafique sa voix et s'adresse à elle, à l'aide du micro.

TANGUAY
À quoi penses-tu, Julie Johanette?

JULIE
Hein?

TANGUAY
À quoi penses-tu?

JULIE
Je pense à rien.

TANGUAY
Tu penses encore à Tanguay?

JULIE
C'est pas de tes affaires.

TANGUAY
Hè! Hè! Hè!... J'ai dit : Penses-tu encore à Tanguay?
Allez, livre-toi, Julie Johanette, vide-toi le cœur, tu te
sentiras après, plus légère.

JULIE
Achale-moé pas.

ÉRIK
Tanguay?...

*Tanguay fait signe à Érik de lui sacrer
patience.*

TANGUAY
Non, attends, tu comprends pas très bien la convention,
là... c'est présentement ton subconscient qui te parle,
alors réponds-lui franchement, es-tu présentement en
manque de Tanguay?

ÉRIK
Tanguay, j'ai bien réfléchi, pesé le pour et le
contre...

TANGUAY
Heille! Attends. Chus occupé. *(À Julie.)* Allons je te
comprends de ne penser qu'à lui, c'est tout de même
un être exceptionnel. Tu n'en rencontreras peut-être

pas d'autres comme lui et toi tu le laisses bêtement te filer entre les doigts pour une question d'orgueil. Maintenant tu n'as tout simplement qu'à l'avouer à ton subconscient...

> *Julie comprend que ce n'est pas son sub-conscient, mais Tanguay qui lui pose ces questions.*

JULIE
J'avoue le trouver exceptionnellement jeune.

TANGUAY
Quoi?

JULIE
Cute, mais un peu con.

TANGUAY
Parle plus fort, je comprends rien. *(Il retrouve sa contenance.)* C'est bien, tu commences à t'ouvrir, maintenant articule ton aveu à haute et intelligible voix s'il te plaît. *(Il attend.)* On t'écoute. *(Il attend, mais Julie ne parle pas. À Eric.)* Qu'est-ce tu veux, toé?

ÉRIK
J'ai besoin de toi.

TANGUAY
Pourquoi?

ÉRIK
De ton expertise.

TANGUAY
Ah! ouan.

ÉRIK
Je veux suivre des cours d'attitude.

TANGUAY
D'attitude?

ÉRIK
Je veux plaire à une fille. Montre-moé comment.

TANGUAY
Hein?

ÉRIK
Montre-moé comment marcher, comment m'habiller, dis-moé ce qu'y faut dire, je veux toute savoir. En échange, je vas faire tes devoirs.

TANGUAY
OK, mais tu vas suer.

ÉRIK
Chus prêt.

TANGUAY
Pis c'est pas sûr que tu vas réussir.

ÉRIK
Je le sais.

TANGUAY
Car pour toi, c'est clair que l'art de la séduction, c'est contre nature.

ÉRIK
Alea jacta est.

TANGUAY
OK concentration, tchèque-moé ben aller. Regarde-moé, pis fais pareil.

Il lui montre comment marcher. Ils sortent.

JOANNE

Julie. Je pensais que t'étais partie.

JULIE

Ben non!

JOANNE

Ta mère m'a dit que t'étais encore partie.

JULIE

Ben oui! chus partie, mais ma mère m'a remplacée par une autre pareille comme moé.

JOANNE

Tu fais de l'ironie... ah! ah!

JULIE

C'est mieux que de frapper sul monde.

JOANNE

Tant qu'à te remplacer, ta mère aurait pu laisser faire le caractère de chien.

JULIE

Qu'est-ce qui arrive avec toé?

JOANNE

Mon nouvel humour te surprend? Moi aussi j'ai changé et change un peu plus à chaque jour. Même que... y a un gars qui me court après.

JULIE

Y a un gars qui te court après?

JOANNE

Oui. C'est vraiment collant les gars.

JULIE
Je te crois pas.

JOANNE
Heille, je te ferai remarquer qu'entre nous deux, c'est toi la menteuse.

JULIE
Tu profites d'un moment de faiblesse pour m'achever, ça c'est chien, Joanne Gervais. C'est qui?

JOANNE
Érik Ritchot.

JULIE
À ta place, je m'en vanterais pas.

JOANNE
Tu sauras qu'il est très articulé.

JULIE
Hé! *boy*, quand t'es rendu à dire d'un gars qu'y est articulé c'est parce qu'y y reste pus grand-chose.

JOANNE
Y a plein d'idées, y s'intéresse aux problèmes écologiques. Je me demande si y est pas dans Greenpeace.

JULIE
Mon Dieu, quel homme!

JOANNE
Julie? Tu me donnerais-tu un coup de main avec Érik?

JULIE
Parle-moé pus d'histoires de gars.

JOANNE
Julie! Je t'en prie.

JULIE
M'man, Joanne a te traite de folle.

LA MÈRE
Quoi?

JULIE
A l'arrête pas de te traiter de folle, pis chus pas capable
d'entendre ça.

LA MÈRE
Viens ici toi!

JOANNE
S'cusez, mais c'est parce que c'est pas vrai, j'ai pas...

LA MÈRE
Viens ici. Installe-toi là.

JOANNE
Je voudrais pas que vous pensiez que...

LA MÈRE
Assis-toi. Pauvre petite fille, t'as pas l'air à filer!

JOANNE
Bof...

LA MÈRE
Tu veux-tu une bière?

JOANNE
Une bière? OK. Pourquoi pas.

Érik s'avance vers Joanne, en se déhanchant comme le lui a montré Tanguay, mais sans succès. Tanguay le siffle pour qu'il revienne : il lui chuchote de nouveaux conseils à l'oreille.

LA MÈRE
C't'à cause de lui.

JOANNE
Comment ça se fait vous savez ça.

LA MÈRE
Franchement. Raconte-moé tes problèmes que je t'arrange ça.

JOANNE
Ben là...

LA MÈRE
Tu penses que je vas rien comprendre.

JOANNE
C'est pas ça, c'est...

LA MÈRE
La première difficulté, dans vie, ma petite fille, c'est d'entrer en contact avec les autres. Les rencontrer vraiment et que ça se fasse simplement. Bonne chance ! La deuxième difficulté c'est qu'on veut toute changer, toute régler du même coup et une fois pour toutes. Mais ça se fait pas de même. Erreur, détrompe-toi. Et les rides arrangent rien. Moi même, à mon âge, je règle encore mes problèmes avec ma mère, t'imagines comme on est mal faits ? Et pis là, quand tu rajoutes les gars là-dedans, y a de quoi te

défaire la face. Mais, ce qu'y faut retenir, le message que moi je veux livrer à l'humanité, c'est qu'y faut pas s'empêcher de danser pour ça. C'est ce que j'appelle : l'épreuve du merveilleux.

JULIE
Bon t'essaie de me voler mes amies, astheure!

Nouvelle parade malhabile d'Érik.

LA MÈRE
Qu'est-ce tu fais-là, toi?

ÉRIK
Heu… je m'entraîne pour…

Tanguay le siffle à nouveau. Érik retourne rapidement auprès de son entraîneur.

JULIE
Toé, suis-moé, t'as besoin d'aide.

LA MÈRE
Bon ben, je vas pouvoir lire tranquille.

JOANNE
Je sais pus quoi faire.

JULIE
Fais rien, c'est moé qui t'attife.

JOANNE
Ouais. Mais chus pas sûre que c'est le bon gars.

JULIE
Tu verras plus tard.

JOANNE
Oui, mais on est pas pareilles toi pis moi, moi je veux pas être avec n'importe qui juste pour être avec quelqu'un.

JULIE
Heille, arrête de parler sinon je vas te faire mal. Enlève tes souliers.

JOANNE
On dirait que l'étrangeté du monde dans lequel on vit n'inquiète personne.

JULIE
Joanne tu parles trop, ça te mêle les idées.

JOANNE
C'est vrai, personne ne se préoccupe de la misère dans le monde, de la domination des grandes banques sur le marché mondial, des couleurs de vomi de la cafétéria...

JULIE
Pis?

JOANNE
Vraiment, je sais pas comment je fais pour être ton amie.

JULIE
Tu t'en fais pour ce qui se passe à l'autre boutte de la planète pis tu sais même pas comment t'habiller, demande-toé pas pourquoi t'es déprimée. Et ne va pas t'imaginer que j'entérine, oui, oui, entérine, je sais ce que ça veut dire, ne va pas t'imaginer donc, que j'entérine les pourris de gros riches qui volent ceux qui crèvent de faim des pays du tiers-monde, mais

c'est quand même pas une raison pour se scrapper le
moral en s'habillant tout croche.

JOANNE

Ouais. Peut-être. Mais lui si y s'intéresse juste à ça le
look, pis heu... ses chums, pis le sport...

JULIE

Heille woh! on parle-tu du même gars-là?

JOANNE

Ben oui, mais on le connaît pas tant que ça, je veux
dire...

JULIE

Joanne, farme-toé!

Court temps.

JOANNE

Mais...

JULIE

Heille!

Joanne geint.

JULIE

Fais-y passer un questionnaire avant de sortir avec si
ça peut te calmer les nerfs.

JOANNE

Ça fait pas bizarre?

JULIE

Ben non, je fais tout le temps ça. *(Clin d'œil au
public.)*

JOANNE
Une chance que je t'ai.

Érik a un accoutrement un peu trop à la mode.

TANGUAY
Oublie pas, danse en parlant comme je t'ai montré. C'est bon, continue comme ça.

Tanguay et Julie sont derrière leur poulain respectif.

JULIE, *à Joanne*
Enwoye, avance. Lève le nez. C'est ça.

Érik dandine les épaules en se déplaçant. Tanguay, complice avec le public, rit de l'attitude d'Érik.

ÉRIK
Heille Jo! S'lut.

JOANNE
Allo.

JULIE, *à Joanne*
C'est beau.

TANGUAY
Plus relaxe dans le bassin.

JULIE
Fais rien, laisse-le patiner.

ÉRIK, *à Joanne*
S'lut, fille.

JOANNE

Allo.

ÉRIK

Yeah!

Temps.

ÉRIK

Yeah, cool. Hé, gros *party, check it out*!

Temps.

JULIE

OK ben-là, parle, y sait pus quoi dire.

JOANNE

Allo, ça va?

ÉRIK

Mets-en, *yeah, cool.*

JOANNE

Es-tu capable de m'identifier ces trois initiales :
FMI.

ÉRIK

Ben là...

ÉRIK, *à Tanguay*

Pourquoi a me demande ça? Tu m'as jamais parlé de
t'ça.

TANGUAY

Je le sais ben, est bizarre c'te fille-là.

JULIE

Ça manquait un peu d'introduction, mais ça va aller.

TANGUAY
Dis-y non, mais qu'avec elle t'es prêt à apprendre n'importe quoi.

ÉRIK
FMI : Fonds monétaire international.

JOANNE
ZLEA.

TANGUAY
Fais une joke.

ÉRIK
Zone de libre-échange des Amériques.

TANGUAY
C'est pas une joke, ça.

JOANNE
Que penses-tu de ces organismes aux mandats humanitaires ?

TANGUAY
Dis-y qu'y sont super.

ÉRIK
C'est des vendus, des hypocrites de la pire espèce.

TANGUAY
OK arrête de gnaiser pis rentre dans le vif du sujet.

ÉRIK
Joanne heu !...

JOANNE
Oui.

ÉRIK
C'est sûr qu'on se connaît pas beaucoup…

TANGUAY
Les culottes.

ÉRIK
Mais t'as vraiment des belles culottes.

JOANNE
Merci.

ÉRIK
Ça te va bien… t'es… resplendissante.

JULIE
OK on ramène le poisson; souris Joanne pis toute va ben aller.

Court temps.

TANGUAY
Enweille, continue.

ÉRIK
Oui, oui… oui, t'es rayonnante, épatante, éclatante, resplendissante, je l'ai déjà dit resplendissante, mais c'est vrai, c'est pour ça, je le répète… Comme dirait Miron : «Tu as les yeux pers des champs de rosées | tu as des yeux d'aventure et d'années-lumière | la douceur du fond des brises au mois de mai…»[4]

TANGUAY
Woh! woh! les nerfs, garde-toé du lousse.

---

4. *La marche à l'amour.*

51

JOANNE

Tu veux sortir avec moé, c'est ça?

ÉRIK

Ah ben! oui, heu, c't'une bonne idée.

Érik s'approche de Joanne. Ils se prennent la main.

JOANNE

Es-tu sûr de vouloir te lancer dans une aventure pareille, je veux dire, t'as-tu vu ce que le monde a l'air. En connais-tu beaucoup des couples qui résistent à la corrosion du train-train quotidien et de la pourriture ambiante?

JULIE

Joanne...

ÉRIK

Ouan, on serait peut-être mieux de laisser faire.

TANGUAY

Hé woh!

JOANNE

Je pense que oui.

JULIE

Joanne!

TANGUAY

Qu'est-ce tu dis là, qu'est-ce tu fais là?

ÉRIK

Je pense qu'a l'a un peu raison...

TANGUAY
Heille! Tu veux pas passer ta vie avec, tu veux juste
la frencher...

ÉRIK
Je veux pas passer ma vie avec toé, je veux juste te
frencher.

TANGUAY
Hon...!

JULIE
Maudit sauvage!

JOANNE
Hein?

ÉRIK, *crie*
Je veux juste te frencher!

TANGUAY
Oublie ça, ton chien est mort.

JULIE
Goujat! Dis-y goujat, maudit goujat!

Un temps, tous épient la réaction de
Joanne. D'un pas, elle est sur Érik et le
frenche à pleine bouche.

6. Sabotage

JULIE

Pis là, je sais pus ce qui est arrivé, du temps qui a passé, les deux guerlots qui arrêtaient pas de se frencher, y mettaient de la bave partout, c'était franchement dégoûtant, pis un mandné, j'aurais peut-être pas dû, je me suis tannée. *(Temps.)* Mais heu, d'une certaine façon, j'ai fait avancer les choses, en même temps je, je ne suis pas tout à fait responsable de, c'est la vie qui, c'est quand même pas moi qui... Joanne ?

Julie chuchote quelque chose à l'oreille de Joanne.

JOANNE

Y t'a vraiment dit ça ?

JULIE

Oui. Pis même... *(Julie chuchote autre chose à l'oreille de Joanne.)*

JOANNE

Pourquoi ?

JULIE

Je pense qu'y te gnaise.

JOANNE

Tu penses ?

JULIE
Sacre-lé là.

JOANNE
Tu penses?

Joanne disparaît en coulisses.

ÉRIK
Qu'est-ce tu voulais me dire?

JULIE
Joanne est tannée.

ÉRIK
Est tannée? Pourtant...

JULIE
Ouais OK vous avez frenché pendant deux heures sans arrêt, pis? En fait, c'est qu'a voulait te donner la chance d'embrasser une belle fille au moins une fois dans ta vie, mais... tu l'intéresses pas vraiment.

ÉRIK
A l'a dit ça?

JULIE
Dret ça. Han Jo?

JOANNE
Ouais... je... ouais, un peu ça.

ÉRIK
Bon, OK. Ben... *(À Joanne.)* Merci pour tout.

Érik s'en va.

JULIE, *au public*
Présentement, je me ramasse un peu d'argent pis dès que je peux, je prends le large. Ici, c'est trop petit, tout le monde se connaît, y a comme quekchose qui pourrit, t'es pris dans le regard de l'autre, ici tu peux pas penser normalement. Quand j'suis seule, j'ai mes idées, ma façon de voir les choses, de les sentir, mais dès que quelqu'un m'approche, c'est fini, tout ce qu'y avait de vrai et d'essentiel prend le bord, je me retrouve privée de moi-même, je redeviens une moitié de Julie, pis la moitié *fatiquante*. Dans ces moments-là, je m'écoute parler pis je me trouve tellement gnaiseuse, c'est insupportable. Mais je suis convaincue, je le sens, ailleurs, en voyage, je me retrouverais devant des regards neufs. Avec ces gens-là y a pus rien qui m'empêcherait de réagir comme je le souhaite, on attendrait pus rien de moi, et de toute façon, en voyage, quand t'es pus content, tu prends le train, pis ça finit là.

Tanguay avec un bouquet de fleurs se jette aux pieds de Julie.

TANGUAY
Julie, t'as raison, chus poche, chus rien qu'un ti-cul qui sait pas comment parler, chus pris dans mes bottes, chus rien qu'un petit imbécile sans envergure, je vaux même pas la peine qu'on me casse la gueule… Julie, j'aimerais ça que… j'aimerais ça que, ben, si tu veux…

JULIE
Excuse-moé, j'ai pas le temps.

Julie va se réfugier dans les bras de sa mère. Elle pleure à gros bouillons.

MÈRE

Chut! chut! chut!... Ça va aller. Chut! chut! chut!...
Tu devrais te prendre en main un petit peu, t'as pus
dix ans. Là envoye, vas y parler.

JULIE

Non, chus pas capable.

MÈRE

Hé que tu m'énerves.

ÉRIK

«Voluthlècle les criastons ogchuptent les tris du trayon
à traîne seyante...»[5].

TANGUAY

Moi, j'aimerais ça être comme toé.

ÉRIK

«L'ogduma de la Douma à ventuple exacte et
brêle...»[6].

TANGUAY

Non, mais c'est vrai...

ÉRIK

«Le chibois à uspuches transgondeines et gali-
wouples...»[7].

TANGUAY

Toé, t'es bizarre. Moé, chus ordinaire, ma vie est
ordinaire. Bon, OK peut-être que je vas devenir une
vedette de kick-boxing... Mais, toé, tsé, ché pas, tu
joues aux échecs. Tsé, t'es naïf, mais ça te va bien.

---

[5]. *56* dans *Les boucliers mégalomanes.*
[6]. ibidem.
[7]. ibidem.

ÉRIK
Ta yeule.

TANGUAY
Attends-tends, qu'est-ce t'as dit, là?

ÉRIK
Ta yeule!

TANGUAY
Attends, tu m'as vraiment dit ta yeule.

ÉRIK
Ouan, c'est ça je t'ai dit... Ta yeule. Qu'est-ce tu fais avec ça?

TANGUAY
Tu sais que, normalement, je devrais te casser en deux pour ça?

ÉRIK
Ben oui, c'est bizarre, tu m'as encore rien fait, pourtant t'es un vrai bum, toé, non? *(Un temps.)* Toé tu résistes, han? Tu résistes à quoi au juste? Tu résistes à l'intelligence sous toutes ses formes. T'es rien qu'un petit imbécile sans ambition. Demande-toé pas pourquoi Julie veut rien savoir de toé, a l'a plus de goût que ça.

> *Tanguay pousse Érik. Érik pousse Tanguay. Ils se battent.*

JOANNE, *sur sa chaise*
Je pense que je l'aime. Je pense que je l'aime. Je pense que Julie aurait juste pas dû me dire ce qu'elle m'a dit.

> *Erik et Tanguay traversent la scène en se battant.*

JULIE
Tanguay? Tanguay? Qu'est-ce tu fais? Réponds-moi,
je veux te parler.

JOANNE
Sainte Marie Mère de Dieu, pouvez-vous m'effacer
un bout de mémoire?

JULIE
Tanguay?

JOANNE
Sainte-Marie Mère de Dieu, pouvez-vous y parler à
ma place? Pouvez-vous y dire que je regrette?

JULIE
Tanguay, je m'excuse.

JOANNE
Sainte-Marie Mère de Dieu, pouvez-vous faire quekchose pour moé, maudit?

JULIE
Joanne, je sais pus quoi faire. Je comprends rien. Je me
suis changé les cheveux pis ç'a rien changé. Maudit
que c'est mal faite. Joanne!

JOANNE
Toé t'es *fatiquante*. Tout le temps en train de brailler.
De dire que tu vas partir pis finalement tu reviens
après deux jours. Tout le temps en train de raconter
des menteries. Tout le temps en train de faire chier
tout le monde. À mon avis si tu veux partir une autre
fois, c'est tout à fait le bon moment. Mais là, pars
donc pour de bon, tout le monde attend juste ça.

Julie sort.

7. La dernière conférence

ÉRIK

L'artiste est par définition un être révolté. En effet si la vie était pleinement satisfaisante, à quoi lui servirait-il de perdre son temps à créer de toutes pièces un monde parrallèle ? Et pourtant, cette activité salvatrice ne semble pas, pour certains, suffisante. Combien d'artistes vont se faire engloutir par leur propre révolte ? Par la maladie, par la folie... ou par le suicide ? Romain Gary, Thomas Bernhard, Émile Nelligan, Carson McCullers...

Tanguay, fusil à la main, vient s'installer près de la table du conférencier.

JOANNE

Tanguay ?

TANGUAY, *à Érik*

Ta yeule.

ÉRIK

... Maïakovski, des hommes et des femmes que l'on considère aujourd'hui comme des génies ; Claude Gauvreau, Gogol, Knut Hamsun, Hubert Aquin...

JOANNE

Tanguay ?

TANGUAY

J'ai dit, ta yeule...

ÉRIK
... Alfred Jarry, Virginia Woolf. Mais leurs mots eux, continuent à vivre. Donnent envie... Donnent à voir...

JOANNE
Tanguay... fais pas ça...

TANGUAY
Je vas te l'montrer c'est quoi un bum.

LA MÈRE
Ben oui, c'est ça, tires-y donc dans face, pis tire donc sur tout le monde un coup parti. C'est vraiment une bonne idée ça, Tanguay, bravo! Non, mais là, vous commencez à me tomber s'es nerfs. Vous êtes pas capables de vous entendre un peu, juste une soirée? *(Elle va chercher Julie derrière le paravent.)* Pis toé, enweille, rentre à maison. Ça suffit les fugues. Je vous mets de la musique et vous allez danser. *(Elle met de la musique.)* Enweillez!

TANGUAY
Hé! Vot' musique est plate, pis on veut pas danser, c'tu clair?

LA MÈRE
Hé, toé le jeune, tu vas te calmer les nerfs, tu vas me donner ton fusil à pétards, pis tu vas me parler sur un autre ton.

ÉRIK
Un fusil à pétards... ah! ben, mon tabou...

LA MÈRE
Toi, assis-toi. *(Elle agrippe Tanguay par l'oreille et l'amène au milieu de la scène.)* Y est ben fin, mais y

comprend pas vite. Bon, là, que la musique soit plate ou pas, tu vas danser pareil, c'tu clair? Pis vous autres aussi. Vous allez avoir d'l'air gnaiseux un peu pis ça va vous faire du bien. Y sont pas méchants au fond. Y manquent juste un peu d'organisation. Dansez!

> *La mère installe Julie dans les bras de Tanguay. Elle les fait danser en tirant des coups de feu à leurs pieds.*

JOANNE, *à Érik*
Le monde est petit et carré
et je suis pris dedans pour l'éternité
voudrais-tu avec moi partager l'enfermement
au moins pour un petit bout de temps?

LA MÈRE
Yeahhhhhhhhhhhhhhhhhhh!

FIN

AUSSI CHEZ DRAMATURGES ÉDITEURS

24 Poses, de Serge Boucher
38 (A, E, I, U, O), collectif de 38 auteurs en cinq tomes
À présent, de Catherine-Anne Toupin
Antarktikos, de David Young
Avaler la mer et les poissons, de Sylvie Drapeau et Isabelle Vincent
Avec Norm, de Serge Boucher
Autodafé, de Olivier Choinière
Barbe-Bleue, de Isabelle Cauchy
Beauté intérieure, de Olivier Choinière
Bhopal, de Rahul Varma
Blue Bayou, la Maison de l'étalon, de Reynald Robinson
Caravansérail, de Robert Claing
Cette fille-là, de Joan MacLeod
Cheech, de François Létourneau
Chroniques du dépanneur, de Martin Boisclair
Circus minimus, de Christian Bégin
Code 99, de François Archambault
Coin Saint-Laurent, collectif d'auteurs
Coma unplugged, de Pierre-Michel Tremblay
Couteau, de Isabelle Hubert
Cyberjack, de Michel Monty
Délit de fuite, de Claude Champagne
Dits et Inédits, en 4 tomes, de Yvan Bienvenue
Dits et Inédits (réédition augmentée), de Yvan Bienvenue
Écritures pour le théâtre, en 3 tomes, de Jean-Pierre Ronfard
extasy_land.com, de Jean-Frédéric Messier
Félicité, de Olivier Choinière
Floes et *D'Alaska*, de Sébastien Harrisson
Game, de Yves Bélanger
Glouglou, de Louis-Dominique Lavigne
Gros et Détail, de Anne-Marie Olivier
Hypatie ou La mémoire des hommes, de Pan Bouyoucas
Jusqu'au Colorado, de Jérôme Labbé
Jocelyne est en dépression, de Olivier Choinière
King Dave, d'Alexandre Goyette
L'homme des tavernes, de Louis Champagne
L'hôtel des horizons, de Reynald Robinson
L'humoriste, de Claude Champagne
L'Iliade d'Homère, de Alexis Martin
L'Odyssée, de Dominic Champagne et Alexis Martin
Là, de Serge Boucher
La nostalgie du paradis, de François Archambault

La nuit où il s'est mis à chanter, de Claude Champagne
La Raccourcie, de Jean-Rock Gaudreault
La salle des loisirs, de Reynald Robinson
La société des loisirs, de François Archambault
La terre est tellement grande, de Margaret McBrearty
La terre tourne rondement, de Marie-Line Laplante
La traversée, de Jean François Casabonne
La vie continue, de Yvan Bienvenue
Laguna beach, de Raymond Villeneuve
Le bain des raines, de Olivier Choinière
Le défilé des canards dorés, de Hélène Mercier
Le fou de Dieu, de Stéphane Brulotte
Le lit de mort, de Yvan Bienvenue
Le long de la Principale, de Steve Laplante
Le Mutant, de Raymond Villeneuve
Le périmètre, de Frédéric Blanchette
Le psychomaton, de Anne-Marie Olivier
Le soir de la dernière, de Isabelle Doré
Les Apatrides, de Marilyn Perrault
Les bonbons qui sauvent la vie, de Serge Boucher
Les disparus, de Marie-Christine Lê-Huu
Les enfants d'Irène, de Claude Poissant
Les flaques, de Marc-Antoine Cyr
Les frères Laforêt, de François Archambault
Les gymnastes de l'émotion, de Louis Champagne et Gabriel Sabourin
Les huits péchés capitaux, collectif d'auteurs
Les mauvaises herbes, de Jasmine Dubé
Les zurbains en série, collectif d'auteurs
Les zurbains, collectif d'auteurs
Me, Myself et Moi-Même, de Stéphane E. Roy
Mika, l'enfant pleureur, de Pascal Chevarie
Mort de peine, de Yvan Bienvenue
Motel Hélène, de Serge Boucher
Natures mortes, de Serge Boucher
Nocturne, de Pan Bouyoucas
Nuit de chasse, de Micheline Parent
Œdipe à Colone de Sophocle, de Marie Cardinal
Post-scriptum, de Jean-Claude Coulbois et René-Daniel Dubois
Qu'est-ce qui reste de Marie-Stella?, de Simon Boulerice
Rearview, de Gilles Poulin-Denis
Rouge Gueule, de Étienne Lepage
Sacré cœur, de Alexis Martin et Alain Vadeboncœur

Stanislas Walter LeGrand, de Sébastien Harrison
Stampede, de François Létourneau
Tavernes, de Alexis Martin
Texas, de François Létourneau
Tsuru, de Anne-Marie Théroux
Un éléphant dans le cœur, de Jean-Frédéric Messier
Un temps de chien / Piégés, de Alex Johnston / Pol Mag Uidhir
Une maison face au nord, de Jean-Rock Gaudreault
Une tache sur la lune, de Marie-Line Laplante
Unity, mil neuf cent dix-huit, de Kevin Kerr
Venise-en-Québec, de Olivier Choinière

Recyclé
Contribue à l'utilisation responsable
des ressources forestières
www.fsc.org Cert no. SGS-COC-003153
© 1996 Forest Stewardship Council

Marquis imprimeur inc.

Québec, Canada
2009

Imprimé sur du papier Silva Enviro 100% postconsommation
traité sans chlore, accrédité Éco-Logo et fait à partir de biogaz.

certifié   procédé   100 % post-   archives   énergie
                  sans   consommation   permanentes   biogaz
                  chlore